LIVRO DE RESPOSTAS

Chico Xavier

PELO ESPÍRITO
EMMANUEL

LIVRO DE RESPOSTAS

Copyright © 2014 *by*
FEDERAÇÃO ESPÍRITA BRASILEIRA – FEB

Direitos licenciados pelo Centro Espírita União à Federação Espírita Brasileira
CENTRO ESPÍRITA UNIÃO – CEU
Rua dos Democratas, 527 – Jabaquara
CEP 04305-000 – São Paulo (SP) – Brasil

2ª edição – 9ª impressão – 1 mil exemplares – 1/2025

ISBN 978-85-9466-333-7

Todos os direitos reservados. Nenhuma parte desta publicação pode ser reproduzida, armazenada ou transmitida, total ou parcialmente, por quaisquer métodos ou processos, sem autorização do detentor do *copyright*.

FEDERAÇÃO ESPÍRITA BRASILEIRA – FEB
SGAN 603 – Conjunto F – Avenida L2 Norte
70830-106 – Brasília (DF) – Brasil
www.febeditora.com.br
editorial@febnet.org.br
+55 61 2101 6161

Pedidos de livros à FEB
Comercial
Tel.: (61) 2101 6161 – comercial@febnet.org.br

Adquirindo esta obra, você está colaborando com as ações de assistência e promoção social da FEB e com o Movimento Espírita na divulgação do Evangelho de Jesus à luz do Espiritismo.

Dados Internacionais de Catalogação na Publicação (CIP)
(Federação Espírita Brasileira – Biblioteca de Obras Raras)

E54l	Emmanuel (Espírito)
	Livro de respostas / pelo Espírito Emmanuel; [psicografado por] Francisco Cândido Xavier. – 2. ed. – 9. imp. – Brasília: FEB; São Paulo: CEU, 2025.
	72 p.; 17,5 cm
	ISBN 978-85-9466-333-7
	1. Espiritismo. 2. Obras psicografadas I. Xavier, Francisco Cândido, 1910-2002. II. Federação Espírita Brasileira. II. Título.
	CDD 133.93 CDU 133.7 CDE 80.03.00

Sumário

Leitor amigo **11**

CAPÍTULO 1
Algo para nós **13**

CAPÍTULO 2
Segue confiante **14**

CAPÍTULO 3
Por ti mesmo **15**

CAPÍTULO 4
Endereço exato **16**

CAPÍTULO 5
Esquece e prossegue **17**

CAPÍTULO 6
Age e verás **18**

CAPÍTULO 7
Horas difíceis **19**

CAPÍTULO 8
O que vale **21**

CAPÍTULO 9
Estabilidade **22**

CAPÍTULO 10
Fraquezas 23

CAPÍTULO 11
Força do hábito 24

CAPÍTULO 12
Lucros da esperança 25

CAPÍTULO 13
Em ação no bem 26

CAPÍTULO 14
Deus te ampara 27

CAPÍTULO 15
Aviso do tempo 28

CAPÍTULO 16
Ação pronta 29

CAPÍTULO 17
Serve e medita 30

CAPÍTULO 18
Eles não sabem 32

CAPÍTULO 19
Diferenças 33

CAPÍTULO 20
Compadece-te e ora 34

CAPÍTULO 21
Amparo antes **35**

CAPÍTULO 22
Admiráveis **36**

CAPÍTULO 23
Esforço máximo **37**

CAPÍTULO 24
Não te queixes **38**

CAPÍTULO 25
Ouve e silencia **39**

CAPÍTULO 26
Em qualquer situação **40**

CAPÍTULO 27
Estudo da felicidade **41**

CAPÍTULO 28
Teu problema **42**

CAPÍTULO 29
Com paciência **43**

CAPÍTULO 30
Recursos materiais **44**

CAPÍTULO 31
Colherás sempre **45**

CAPÍTULO 32
Problema nosso 46

CAPÍTULO 33
Cabe ao tempo 47

CAPÍTULO 34
A escolha é nossa 48

CAPÍTULO 35
Auxiliemos sempre 49

CAPÍTULO 36
Rogativas 50

CAPÍTULO 37
A solicitação do Senhor 51

CAPÍTULO 38
Resgates 53

CAPÍTULO 39
Variações do repouso 54

CAPÍTULO 40
Conversando 55

CAPÍTULO 41
Silêncio e gentileza 56

CAPÍTULO 42
Agindo saberás 57

CAPÍTULO 43
A resposta da árvore 58

CAPÍTULO 44
Perto de nós 59

CAPÍTULO 45
Aguarda o tempo 60

CAPÍTULO 46
Assistência 61

CAPÍTULO 47
Ante o bem 62

CAPÍTULO 48
Paz e amor 63

CAPÍTULO 49
Pensa adiante 64

CAPÍTULO 50
Servindo com Deus 65

Leitor amigo

O tema central destas páginas despretensiosas é a procura de solução para os nossos problemas de relacionamento, uns com os outros.

Organizamo-las pensando na grande família de companheiros que nos honram com indagações e convites à conversação amistosa.

*

Se te interessas pelo assunto que, aliás, nos pertence a todos, estaremos enriquecidos pela atenção de mais alguém que, certamente, nos trará a valiosa contribuição de seus pensamentos e sugestões para que se nos faça mais luz no caminho.

É justo esclarecer que todos os apontamentos aqui reunidos gravitam em torno dos ensinamentos do Cristo, nosso Mestre e Senhor.

Chico Xavier
PELO ESPÍRITO EMMANUEL

Nele buscando inspiração e vida, a Ele rogamos nos ilumine e nos abençoe.

EMMANUEL
Uberaba (MG), 21 de fevereiro de 1980.

CAPÍTULO 1
Algo para nós

Não digas que a grandeza de Deus te dispensa do bem a realizar.

Deus é a Luz do Universo, mas podes acender uma vela e clarear o caminho para muita gente dentro da noite.

Deus é o Amor, entretanto, onde a necessidade apareça, guardas o privilégio de oferecer a migalha de socorro que comece a restaurar o equilíbrio da vida.

Lembremo-nos de que Deus pode fazer tudo, mas reservou-nos algo para realizar, por nós mesmos, de modo a sermos dignos de Seu Nome.

CAPÍTULO 2
Segue confiante

Lutas, conflitos, perturbações...
Por vezes, é possível que te sintas à frente do mundo, qual se estivesses no mar tumultuado.

Guarda-te na embarcação da fé e segue na rota que te cabe percorrer.

Deus está no leme.

Age e confia.

CAPÍTULO 3
Por ti mesmo

Os companheiros são sempre alavancas de apoio que devemos agradecer a Deus.

Diante, porém, das tarefas a realizar, não exijas tanto dos amigos queridos que te estendem amparo.

Esse, talvez hoje, esteja doente.

Aquele outro, provavelmente, estará faceando amargos problemas a resolver.

Ergue-te, enquanto é tempo, e faze, por ti mesmo, o bem que possas.

CAPÍTULO 4
Endereço exato

Anseias avidamente pelo socorro de Deus.

A oração te fortalece na procura.

A pregação de vozes iluminadas te orienta para o caminho.

Os mensageiros do Senhor, no entanto, atendem a todos nas áreas da caridade.

Auxiliando a outros, obterás igualmente auxílio.

É por essa razão que, no serviço ao próximo, encontrarás sempre o endereço exato do socorro mais urgente de Deus.

CAPÍTULO 5
Esquece e prossegue

Terás caído.
Decerto já te reergueste.
Mesmo assim, sofres com as censuras de que, provavelmente, ainda te cerquem.
Não te incomodes, porém.
Desculpa e segue adiante.
Aqueles que te menosprezam claramente ignoram que talvez em futuro próximo encontrem as mesmas dificuldades e tentações que te fizeram cair.

CAPÍTULO 6
Age e verás

Procuras a paz. Queres felicidade. Recorda, porém, que ninguém consegue algo por nada.

Tranquiliza quantos te desfrutam a convivência e faze-os felizes, tanto quanto puderes.

Para isso, não admitas dificuldades insuperáveis.

Esquece sofrimentos e queixas.

Prossegue fazendo o melhor que possas.

Não desanimes.

A perseverança no bem aos outros paga dividendos preciosos de segurança e alegria.

Age e verás.

CAPÍTULO 7
Horas difíceis

É provável que estejas atravessando as horas difíceis que não aguardavas.

Querias o empréstimo de recursos amoedados, para acertar os próprios negócios, e os amigos falharam.

Perdeste todos os haveres num investimento que te parecia importante e que resultou em fracasso.

Colocaste todas as esperanças num filho querido que te trocou por aventuras inferiores.

Pessoas amadas deixaram-te a sós, afastando-se junto daqueles mesmos que te recebiam apreço e confiança.

Companheiros de ontem surrupiaram-te hoje as vantagens e os bens.

Chico Xavier
PELO ESPÍRITO EMMANUEL

Apoiavas-te no afeto e na dedicação de alguém que a morte transferiu de plano, impondo-te desajuste e solidão.

Se essas horas de crise te surgiram na existência, não desanimes nem te desesperes.

Ergue a fronte para o alto e conta com Deus.

CAPÍTULO 8
O que vale

Calamidades assolam a Terra.

Costumes novos criam agitações e tumulto.

Ocorrências infelizes convulsionam a vida em torno.

Pessoas amadas adotam caminhos diversos dos teus.

Continua agindo e servindo.

Realmente, o que mais importa é o que sucede dentro de ti.

CAPÍTULO 9
Estabilidade

Não te esqueças:
paixão é um incêndio que passa;
o poder se transfere de residência;
o dinheiro caminha para endereços que ignoramos;
o bem persiste.

CAPÍTULO 10
Fraquezas

Realmente, quando as fraquezas de companheiros determinados surgem no campo de trabalho, aparecem motivos para dificuldades e inquietações.

Entretanto, quando isso aconteça, não te aflijas.

Continua trabalhando e servindo.

Não olvides que todas as ilusões e fragilidades terminam destruídas por si mesmas.

CAPÍTULO 11
Força do hábito

Quanto possível, procura acostumar-te ao bem.
Pensa e fala no bem.
Age, fazendo o bem, tanto quanto puderes.
Um dia, compreenderás que a pessoa, seja ela quem for, somente crê e tão só admite aquilo que cultiva no próprio coração.

CAPÍTULO 12
Lucros da esperança

Não recebeste as vantagens que pediste.
Não reténs a afeição que sonhaste.
Perdeste provisoriamente as tuas possibilidades de promoção.

A pessoa, cuja companhia mais desejavas, desapareceu de teus olhos.

Não te revoltes.

Espera e serve.

O tempo te falará como tudo isso te fez feliz.

CAPÍTULO 13
Em ação no bem

Se te propões à realização de qualquer tarefa vinculada à construção do bem, conta com problemas e dificuldades que te habilitem as forças para isso.

Luta é o outro lado da vitória.

Lembra-te: o aço é o ferro trabalhado pelo fogo.

As boas obras nascem do amor temperado pelo sofrimento.

CAPÍTULO 14
Deus te ampara

Alguém te apontou os defeitos, desconhecendo-te as qualidades.

Outros te censuraram, asperamente, por esse ou aquele motivo.

No entanto, não te detenhas.

Recorda que, por piores que sejam as críticas destrutivas que te envolvam, Deus não te apagou a chama da fé e nem te retirou a oportunidade de continuar trabalhando.

CAPÍTULO 15
Aviso do tempo

O tempo endereça às criaturas o seguinte aviso, em cada alvorecer:

— Certamente, Deus te concederá outros dias e outras oportunidades de trabalho, mas faze agora todo o bem que puderes, porque dia igual ao de hoje só terás uma vez.

CAPÍTULO 16
Ação pronta

Se a ideia relativa a algum bem por fazer saltou do silêncio para a tua cabeça, não perguntes demasiadamente, aos outros, sobre a maneira de executá-la.

Começa a trabalhar e o teu próprio serviço trará os companheiros que colaborarão contigo, auxiliando-te a pensar no melhor a ser feito.

CAPÍTULO 17
Serve e medita

Trazes contigo severas noções de justiça e austeridade.

Isso é belo na consciência.

Não te esqueças, porém, de que a Bondade de Deus reveste as leis da vida na moldura da misericórdia.

Apesar da retidão que te preside os atos, erraste e sofres.

Não te detenhas, entretanto, no arrependimento vazio.

Ergue-te da tristeza e lava a própria alma no suor do trabalho.

Serve e medita.

LIVRO DE RESPOSTAS
SERVE E MEDITA

É possível que a Divina Providência haja permitido a tua queda em erro para que aprendas a tolerar e a perdoar.

CAPÍTULO 18
Eles não sabem

Não pares de trabalhar e servir porque essa ou aquela desilusão te amargou os sentimentos.

Os ingratos são portadores de moléstias da memória.

Os agressores carregam brasas no pensamento.

Os delinquentes são enfermos dos mais infelizes.

Quando semelhantes companheiros te surgirem na vida, perdoa sempre. Eles não sabem quantas nuvens de dor estão amontoando sobre a própria cabeça.

CAPÍTULO 19
Diferenças

A violência, quando desafiada, respondeu com a força da cólera, alarmando grande número de pessoas.

A dignidade se observou ferida e mobilizou providências que a repusessem no respeito devido, suscitando casos na vida de muita gente.

A coragem foi espancada e passou em silêncio, compreendendo a enfermidade do agressor e empenhando-se em não criar dificuldades para ninguém.

CAPÍTULO 20
Compadece-te e ora

Aquele amigo não te viu as dificuldades nem te compreendeu as intenções. Irritou-se, acusou-te, desprezou-te...

E não conseguiste desculpar-te, ante as implicações da prova em que te encontras.

Não te defendas, nem reclames nesse caso, tão estritamente pessoal.

Compadece-te.

Em silêncio, pede a Deus que o abençoe e fortifique. Ele não sabe que talvez amanhã deva entrar em provas mais difíceis.

CAPÍTULO 21
Amparo antes

Não lastimes a ocorrência na qual compareces na condição de vítima.

Não chores a propriedade de que te despojaram.

Não reclames a joia que alguém te furtou.

Nada perdeste.

O Senhor apenas permitiu que te arrebatassem hoje os motivos para grandes provações que te conturbariam a existência nas trilhas de amanhã.

CAPÍTULO 22
Admiráveis

Admiráveis são todos os espíritos nobres e retos que militam com grandeza na causa do bem.

Entretanto, não menos admiráveis são todos aqueles que se reconhecem frágeis e imperfeitos, caindo e erguendo-se, muitas vezes, nas trilhas da existência, sob críticas e censuras, mas sempre resistindo à tentação do desânimo, sem desistirem de trabalhar.

CAPÍTULO 23
Esforço máximo

Ninguém se eleva sem esforço máximo da vontade, dos campos do hábito para as regiões iluminadas da experiência.

Entretanto, ninguém atinge as múltiplas regiões da experiência sem passaportes adquiridos nas agências da dor.

CAPÍTULO 24
Não te queixes

Quando te queixas de alguém ou de alguma cousa, é possível que estejas recusando a presença da pessoa ou desprezando o amparo que a Divina Providência te enviou para livrar-te de males maiores que talvez te aguardem pela frente.

CAPÍTULO 25
Ouve e silencia

Ouviste o companheiro que te afirmou não crer em Deus.

Não te aflijas por isso.

Ele talvez não tenha ainda observado que se transformou de criança em adulto sem medicação alguma, que a erva do campo cresceu sem esperar-lhe o apoio e que o Sol lhe ilumina a cabeça sem lhe pedir opinião.

CAPÍTULO 26
Em qualquer situação

Não penses tanto sobre o que os outros possam imaginar a teu respeito. Raramente isso acontece.

Na maioria dos casos, quando notas alguém a observar-te, essa pessoa, provavelmente, deseja saber o que estás pensando a respeito dela.

Em qualquer situação, mentalizemos o bem e sigamos para a frente.

CAPÍTULO 27
Estudo da felicidade

A felicidade real é uma casa que se constrói por dentro da própria alma.

Os bens que espalhes são os materiais para semelhante construção.

Sabes que o tempo é comparável ao rio que não se interrompe, seguindo sempre.

Muito estranho que a criatura se decida a levantar a sua própria moradia por cima de uma ponte.

CAPÍTULO 28
Teu problema

Realmente, o problema que te aflige parece insolúvel.

Disseram amigos: "todos os recursos se esgotaram".

Outros repetiram: "não tentes o impossível".

Entretanto, ora e age, serve e confia.

O pessimismo nunca dispõe da última palavra.

Espera por Deus e conserva a certeza de que Deus faz sempre o melhor.

CAPÍTULO 29
Com paciência

Provações te buscaram.

Dificuldades te agitam.

Tudo parece noite ao redor de teus passos.

Não te detenhas, no entanto, a fim de medir as sombras.

Prossegue trabalhando e não te afastes da paciência.

Por nada te desesperes.

Dá tempo a Deus para que Deus te acenda nova luz.

CAPÍTULO 30
Recursos materiais

No domínio das possibilidades materiais, as lições são diversas.
O que guardas talvez te deixe.
O que desperdiças com certeza te acusa.
O que emprestas te experimenta.
Em verdade, só te pertence aquilo que dás.

CAPÍTULO 31
Colherás sempre

Reparte com o próximo qualquer recurso que retenhas.

Ensina com o que sabes sem a pretensão de conhecer mais do que os outros.

Auxilia com o que és.

Doa o coração no benefício que fizeres.

De tudo o que semeares, efetivamente colherás.

CAPÍTULO 32
Problema nosso

Enquanto cultivarmos melindres e ressentimentos;

enquanto não pudermos aceitar os próprios adversários na condição de filhos de Deus e irmãos nossos, tão dignos de amparo quanto nós mesmos;

enquanto sonegarmos serviço fraterno aos que ainda não nos estimem;

e enquanto nos irritarmos inutilmente, a felicidade para nós é impossível.

CAPÍTULO 33
Cabe ao tempo

Não te queixes. Trabalha.
Não te irrites. Silencia.
Não pares. Segue adiante.
Não discutas. Demonstra.
Não condenes. Ampara.
Não critiques. Abençoa.
Fala auxiliando para o bem.
Serve sem reclamar.
Não te percas em palavras vazias.
Cabe ao tempo tudo esclarecer em nome de Deus.

CAPÍTULO 34
A escolha é nossa

Pensamento é vida.
Vida é criação.
Criação vem do desejo.
Desejo é semente.
Semente plantada no terreno da ação traz o fruto que lhe corresponde.
Toda semente produz.
A escolha é nossa.

CAPÍTULO 35
Auxiliemos sempre

Por que te afirmas tantas vezes incapaz de auxiliar?

Em verdade, imenso é o mar das necessidades humanas; entretanto, muito maior é a fonte da Providência Divina, junto da qual todos podemos doar algo, em favor de alguém.

Esse dá o ouro, outro o pão, aquele o agasalho e aquele outro o ensinamento.

Se os teus obstáculos, por agora, são tantos que não dispões de minutos a fim de empregá-los em benefício de alguém, podes ainda distribuir simpatia e paz, coragem e esperança.

Para isso não aposentes o teu sorriso.

CAPÍTULO 36
Rogativas

Pondera sempre quanto às súplicas que faças aos Céus nas preces habituais.

Recorda muitas das solicitações que fizeste a Deus, há dez anos, e imagina quanto bem te fez a Divina Providência, ao recusar em silêncio aquilo que pediste.

O não de Deus hoje é sempre o nosso maior bem de amanhã.

CAPÍTULO 37

A solicitação do Senhor

O homem que se dizia infeliz, depois de haver implorado o socorro dos Céus, encontrou, em sonho, o mensageiro do Senhor que lhe falou generosamente:

— O Eterno Benfeitor se enterneceu com as tuas lágrimas e te escutou as petições. Em resposta, recomenda-te coragem a fim de que possas receber o Apoio Divino...

Antes que o emissário terminasse, o homem quase magoado interferiu:

— Coragem? Acaso não tenho mostrado ausência de medo em toda a minha vida? Guardo medalhas de muitas competições. Escalei o monte mais escarpado de minha

Chico Xavier
PELO ESPÍRITO EMMANUEL

região, por seis vezes fui campeão de corridas arriscadas, já montei potros bravos e, por duas vezes, abati onças no sertão...

O mensageiro, porém, sorriu e esclareceu:

— Sim, tudo isso é para considerar, mas o que o Senhor te pede é a coragem de cumprir o teu próprio dever.

CAPÍTULO 38
Resgates

Quando encontres algum companheiro em provação, não digas, simplesmente:

— É o carma que se cumpre. Quem deve precisa pagar.

Se as Leis do Senhor te conduziram até esse alguém que sofre, é que se te oferece o ensejo de resgatar antecipadamente os próprios débitos de existências passadas, pelo câmbio do bem eterno.

Para isso, no banco da Providência Divina, temos sempre aberta, em nosso favor, a bolsa da caridade.

CAPÍTULO 39
Variações do repouso

O repouso para refazimento das próprias forças é remédio salutar.

O descanso desnecessário é convite à tentação.

A ociosidade é um agente da sombra conduzindo a criatura para os endereços do tédio e da perturbação.

A inércia constante é a descida para a exaustão com bilhete para o comboio da enfermidade em direção à morte.

CAPÍTULO 40
Conversando

Aprendamos a suportar as dificuldades com paciência.

Saibamos ouvir sem discutir.

Compreendamos para sermos compreendidos.

Sigamos na estrada do bem, abrindo o coração através do sorriso.

A felicidade não entra em portas trancadas.

CAPÍTULO 41
Silêncio e gentileza

Feliz de ti se já compreendes o valor do silêncio.

Entretanto, se já fizeste semelhante aquisição, não censures os companheiros que ainda não se desvencilharam do hábito de falar demasiadamente.

Escuta-os com gentileza e bondade. É possível que, através deles, venhas a obter, sem pedir, valiosos informes que se relacionam com a tua própria paz.

CAPÍTULO 42
Agindo saberás

Se trabalhas com fé em Deus, na seara do bem, não precisas articular muitas perguntas acerca daquilo que te compete fazer.

Prossegue agindo com paciência e, através do próprio serviço a que te dedicas, a Sabedoria de Deus te esclarecerá.

CAPÍTULO 43
A resposta da árvore

Certo pomicultor surpreendeu-se lamentando ao pé de grande laranjeira:
— E meus prejuízos? Meu dinheiro?!... Como recuperá-lo? Quem fará isso por mim?

Assombrado, notou que a árvore lhe respondeu:
— Até hoje, meu senhor, nunca soube quem me apanhou os frutos e me talou as flores, quem me decepou os ramos e levou para longe as minhas essências, mas sei que Alguém me renova todas as forças, auxiliando-me a produzir.

CAPÍTULO 44
Perto de nós

Ama o lugar em que a Divina Providência te situa.

Distribui simpatia e bondade para com todos aqueles que te desfrutam a convivência.

Aproveita as tuas oportunidades de trabalho.

Na Terra, chega sempre um instante no qual reconhecemos que os afetos mais queridos e as situações mais valiosas estiveram sempre perto de nós.

CAPÍTULO 45
Aguarda o tempo

Aconteceu talvez o que não esperavas.

O lado contra te ironiza.

O sentimento ferido te aborrece.

Entretanto, reflete nas bênçãos que a Divina Providência já te concedeu e procura sorrir.

Não te indisponhas com ninguém.

Continua trabalhando e servindo em paz.

Aguarda o tempo, na certeza de que, pelas circunstâncias da vida, nas páginas do tempo, é que se manifesta, mais claramente, a voz de Deus.

CAPÍTULO 46
Assistência

Assistência é a caridade em ação.

Não desprezes o ensejo de ir ao encontro do companheiro necessitado para auxiliá-lo quanto possas.

A visita não se te fará inútil.

Doarás ao irmão em penúria o que puderes e, em troca, dar-te-á ele essa ou aquela instrução sobre paciência e conformidade, humildade e alegria.

Ampara e receberás amparo.

De todo ato de solidariedade no apoio aos semelhantes, voltarás melhor ao mundo de ti mesmo, porque a caridade opera pelo câmbio de Deus.

CAPÍTULO 47
Ante o bem

Se abraçaste o ministério do bem, segue adiante e não temas.

O mal que possas sofrer é a preparação do bem que te propões a concretizar.

O vaso não consolida a própria forma sem o calor do forno que o molesta.

O trigo não se faz pão autêntico sem o processo de esmagamento que o tritura.

Entrega-te a Deus, a bem dos outros, e Deus saberá usar-te em teu próprio bem.

CAPÍTULO 48
Paz e amor

Onde encontres a discórdia, considera que o Senhor te convidou para a sementeira da paz.

Se o ódio aparece onde estejas, lembra-te de que o Céu te chamou para o cultivo do amor.

Criatura humana, entre criaturas humanas, não fales, porém, de paz e amor qual se já residisses no plano dos anjos.

Para cumprires a tarefa que te cabe, é necessário consigas atingir o coração dos semelhantes. E se acenderes a luz da humildade no óleo da paciência, Deus te mostrará o caminho.

CAPÍTULO 49
Pensa adiante

Não te aflijam as horas de crise.

Trabalha e espera.

Quando a tempestade ruge nos céus, medita no ar puro que se fará depois.

Se a chuva enlameia as estradas, considera a colheita que surgirá no campo.

Diante da noite carregada de sombras, pensa no amanhecer.

Não te revoltes, diante do sofrimento.

Além dele, conhecerás a alegria que a Providência de Deus te revelará.

CAPÍTULO 50
Servindo com Deus

Ama a Deus, servindo aos semelhantes, por amor, sem distinção de pessoas.

Faze o bem como estiveres, onde estejas e tanto quanto possas, na paz da consciência tranquila.

Nisso reside a essência das Leis Divinas.

LIVRO DE RESPOSTAS				
EDIÇÃO	IMPRESSÃO	ANO	TIRAGEM	FORMATO
1	1	2016	3.000	14X21
2	1	2020	1.000	12,5x17,5
2	POD*	2021	POD	12,5x17,5
2	IPT**	2022	500	12,5x17,5
2	IPT	2023	200	12,5x17,5
2	IPT	2023	500	12,5x17,5
2	IPT	2023	500	12,5x17,5
2	IPT	2023	350	12,5x17,5
2	8	2024	1.000	12,5x17,5
2	9	2025	1.000	12,5x17,5

*Impressão por demanda

**Impressão pequenas tiragens

O LIVRO ESPÍRITA

Cada livro edificante é porta libertadora.

O livro espírita, entretanto, emancipa a alma nos fundamentos da vida.

O livro científico livra da incultura; o livro espírita livra da crueldade, para que os louros intelectuais não se desregrem na delinquência.

O livro filosófico livra do preconceito; o livro espírita livra da divagação delirante, a fim de que a elucidação não se converta em palavras inúteis.

O livro piedoso livra do desespero; o livro espírita livra da superstição, para que a fé não se abastarde em fanatismo.

O livro jurídico livra da injustiça; o livro espírita livra da parcialidade, a fim de que o direito não se faça instrumento da opressão.

O livro técnico livra da insipiência; o livro espírita livra da vaidade, para que a especialização não seja manejada em prejuízo dos outros.

O livro de agricultura livra do primitivismo; o livro espírita livra da ambição desvairada, a fim de que o trabalho da gleba não se envileça.

O livro de regras sociais livra da rudeza de trato; o livro espírita livra da irresponsabilidade que, muitas vezes, transfigura o lar em atormentado reduto de sofrimento.

O livro de consolo livra da aflição; o livro espírita livra do êxtase inerte, para que o reconforto não se acomode em preguiça.

O livro de informações livra do atraso; o livro espírita livra do tempo perdido, a fim de que a hora vazia não nos arraste à queda em dívidas escabrosas.

Amparemos o livro respeitável, que é luz de hoje; no entanto, auxiliemos e divulguemos, quanto nos seja possível, o livro espírita, que é luz de hoje, amanhã e sempre.

O livro nobre livra da ignorância, mas o livro espírita livra da ignorância e livra do mal.

Emmanuel[*]

O EVANGELHO NO LAR

Quando o ensinamento do Mestre vibra entre quatro paredes de um templo doméstico, os pequeninos sacrifícios tecem a felicidade comum.*

Quando entendemos a importância do estudo do Evangelho de Jesus, como diretriz ao aprimoramento moral, compreendemos que o primeiro local para esse estudo e vivência de seus ensinos é o próprio lar.

É no reduto doméstico, assim como fazia Jesus, no lar que o acolhia, a casa de Pedro, que as primeiras lições do Evangelho devem ser lidas, sentidas e vivenciadas.

O espírita compreende que sua missão no mundo principia no reduto doméstico, em sua casa, por meio do estudo do Evangelho de Jesus no Lar.

Então, como fazer?

Converse com todos que residem com você sobre a importância desse estudo, para que, em família, possam compreender melhor os ensinamentos cristãos, a partir de um momento de união fraterna, que se desenvolverá de maneira harmônica e respeitosa. Explique que as reflexões conjuntas acerca do Evangelho permitirão manter o ambiente da casa espiritualmente saneado, por meio de sentimentos e pensamentos elevados, favorecendo a presença e a influência de Mensageiros do Bem; explique, também, que esse momento facilitará, em sua residência, a recepção do amparo espiritual, já que auxilia na manutenção de elevado padrão vibratório no ambiente e em cada um que ali vive.

Convide sua família, quem mora com você, para participar. Se mora sozinho, defina para você esse momento precioso de estudo e reflexões. Lembre-se de que, espiritualmente, sempre estamos acompanhados.

Escolha, na semana, um dia e horário em que todos possam estar presentes.

O tempo médio para a realização do Evangelho no Lar costuma ser de trinta minutos.

As crianças são bem-vindas e, se houver visitantes em casa, eles também podem ser convidados a participar. Se não forem espíritas, apenas explique a eles a finalidade e importância daquele momento.

O seguinte roteiro pode ser utilizado como sugestão:

Preparação: leitura de mensagem breve, sem comentários;

Início: prece simples e espontânea;

Leitura: *O evangelho segundo o espiritismo* (um ou dois itens, por estudo, desde o prefácio);

Comentários: breves, com a participação dos presentes, evidenciando o ensino moral aplicado às situações do dia a dia;

Vibrações: pela fraternidade, paz e pelo equilíbrio entre os povos; pelos governantes; pela vivência do Evangelho de Jesus em todos os lares; pelo próprio lar...

Pedidos: por amigos, parentes, pessoas que estão necessitando de ajuda...

Encerramento: prece simples, sincera, agradecendo a Deus, a Jesus, aos amigos espirituais.

As seguintes obras podem ser utilizadas nesse momento tão especial:

O evangelho segundo o espiritismo, como obra básica;

Caminho, verdade e vida; Pão nosso; Vinha de luz; Fonte viva; Agenda cristã.

Esse momento no lar não se trata de reunião mediúnica e, portanto, qualquer ideia advinda pela via da intuição deve permanecer como comentário geral, a ser dito de maneira simples, no momento oportuno.

No estudo do Evangelho de Jesus no Lar, a fé e a perseverança são diretrizes ao aprimoramento moral de todos os envolvidos.

CARIDADE: AMOR EM AÇÃO

Sede bons e caridosos: essa a chave que tendes em vossas mãos. Toda a eterna felicidade se contém nesse preceito: "Amai-vos uns aos outros". KARDEC, Allan. *O evangelho segundo o espiritismo*, cap. 13, it. 12.

A Federação Espírita Brasileira (FEB), em 20 de abril de 1890, iniciou sua *Assistência aos Necessitados* após sugestão de Polidoro Olavo de S. Thiago ao então presidente Francisco Dias da Cruz. Durante oitenta e sete anos, esse atendimento representava o trabalho de auxílio espiritual e material às pessoas que o buscavam na Instituição. Em 1977, esse serviço passou a chamar-se Departamento de Assistência Social (DAS), cujas atividades assistenciais nunca se interromperam.

Desde então, a FEB, por seu DAS, desenvolve ações socioassistenciais de proteção básica às famílias em situação de vulnerabilidade e risco socioeconômico. Fortalece os vínculos familiares por meio de auxílio material e orientação moral-doutrinária com vistas à promoção social e crescimento espiritual de crianças, jovens, adultos e idosos.

Seu trabalho alcança centenas de famílias. Doa enxovais para recém-nascidos, oferece refeições, cestas de alimentos, cursos para jovens, serviços de convivência e fortalecimento de vínculos para idosos e organiza doações de itens que são recebidos na Instituição e repassados a quem necessitar.

Essas atividades são organizadas pelas equipes do DAS e apoiadas com recursos financeiros da Instituição, dos frequentadores da Casa e por meio de doações recebidas, num grande exemplo de união e solidariedade.

Seja sócio-contribuinte da FEB, adquira suas obras e estará colaborando com o seu Departamento de Assistência Social.

O QUE É ESPIRITISMO?

O Espiritismo é um conjunto de princípios e leis revelados por Espíritos Superiores ao educador francês Allan Kardec, que compilou o material em cinco obras que ficariam conhecidas posteriormente como a Codificação: *O livro dos espíritos*, *O livro dos médiuns*, *O evangelho segundo o espiritismo*, *O céu e o inferno* e *A gênese*.

Como uma nova ciência, o Espiritismo veio apresentar à Humanidade, com provas indiscutíveis, a existência e a natureza do Mundo Espiritual, além de suas relações com o mundo físico. A partir dessas evidências, o Mundo Espiritual deixa de ser algo sobrenatural e passa a ser considerado como inesgotável força da Natureza, fonte viva de inúmeros fenômenos até hoje incompreendidos e, por esse motivo, são tidos como fantasiosos e extraordinários.

Jesus Cristo ressaltou a relação entre homem e Espírito por várias vezes durante sua jornada na Terra, e talvez alguns de seus ensinamentos pareçam incompreensíveis ou sejam erroneamente interpretados por não se perceber essa associação. O Espiritismo surge então como uma chave, que esclarece e explica as palavras do Mestre.

A Doutrina Espírita revela novos e profundos conceitos sobre Deus, o Universo, a Humanidade, os Espíritos e as leis que regem a vida. Ela merece ser estudada, analisada e praticada todos os dias de nossa existência, pois o seu valioso conteúdo servirá de grande impulso à nossa evolução.

FEB editora
Livro espírita para um novo mundo
www.febeditora.com.br
@febeditoraoficial
@febeditora

Conselho Editorial:
Carlos Roberto Campetti
Cirne Ferreira de Araújo
Evandro Noleto Bezerra
Geraldo Campetti Sobrinho – Coord. Editorial
Jorge Godinho Barreto Nery – Presidente
Maria de Lourdes Pereira de Oliveira
Miriam Lúcia Herrera Masotti Dusi

Produção Editorial:
Elizabete de Jesus Moreira

Revisão:
Elizabete de Jesus Moreira
Jorge Leite

Capa:
Evelyn Yuri Furuta

Projeto Gráfico:
Evelyn Yuri Furuta
Thiago Pereira Campos

Diagramação:
Rones José Silvano de Lima – instagram.com/bookebooks_designer

Foto de Capa:
Acervo FEB

Normalização Técnica:
Biblioteca de Obras Raras e Documentos Patrimoniais do Livro

Esta edição foi impressa pela Coronário Editora Gráfica Ltda., Brasília, DF, com tiragem de 1 mil exemplares, todos em formato fechado de 125x175 mm e com mancha de 92x138 mm. Os papéis utilizados foram o Off white 80 g/m² para o miolo e o Cartão 250 g/m² para a capa. O texto principal foi composto em fonte Kepler Std Light 14/16,8 e os títulos em Kepler Std Light 35/34. Impresso no Brasil. *Presita en Brazilo.*